KB167413

_____ 학교 ____ 학년____반 _____ 의 책이에요.

신나는 교과 체험학습 시리즈 이렇게 활용하세요!

'체험학습'이란 책에서나 수업 시간에 배운 지식을 실제 현장에서 직접 경험해 보는 공부 방법이에요. 단순히 전시된 물건을 관람하거나 공연을 보는 것이 아니라 학습을 하기 전에 미리 필요한 정보를 조사하는 것까지를 포함한 모든 활동을 의미해요. 어떻게 공부할 것인지를 준비하면 그렇지 않은 경우보다 훨씬 더 많은 것을 보고 느끼게 되겠지요. 이 책은 체험학습을 하려는 어린이들에게 좋은 길잡이 역할을 할 거예요.

❶ 가기 전에 읽어 보세요

이 책은 체험학습 현장을 어린이들이 쉽게 이해할 수 있도록 풀이한 안내서예요. 어린이들이 직접 체험학습 현장을 찾아가는 데 필요한 정보가 들어 있어요. 체험학습 현장을 가기 전에 꼼꼼히 읽어 보세요.

❷ 현장에서 비교해 보세요

한강은 예로부터 우리 삶 깊숙이 자리 잡아 왔어요. 한강의 곳곳에 어떤 역사가 담겨 있는지, 한강에는 어떤 생물이 살고 있는지, 한강에서 어떤 놀이를 즐길 수 있는지 한강에서 직접 알아보고 체험해 보기로 해요. 이제 한강 여행을 시작해 볼까요?

❸ 스스로 활동해 보세요

이 시리즈는 단지 지식을 전달하기 위한 교양서가 아니에요. 어린이 여러분이 교과서로 수업 시간에 배운 내용을 실제 현장에서 직접 체험하며 익힐 수 있도록 다양한 활동 내용을 담았지요. 책 중간이나 뒷부분에 이해를 돕기 위한 활동이 있으니 꼭 스스로 정리해 보세요.

❹ 견학 후 활동이 다양해요

체험학습 후에는 반드시 견학 후 여러 가지 활동을 해 보세요. 보고서 쓰기, 신문 만들기, 그림 그리기 등을 통해 체험학습에서 보고 들은 내용을 다시 한번 정리하면 알찬 체험학습이 될 거예요.

신나는 교과 체험학습 61

대한민국 수도 서울의 젖줄 한강

초판 1쇄 발행 | 2008. 9. 9.
개정 3판 4쇄 발행 | 2023. 11. 10.

글 윤태호 | **그림** 민재회

발행처 김영사 | **발행인** 고세규
등록번호 제 406-2003-036호 | **등록일자** 1979. 5. 17.
주소 경기도 파주시 문발로 197(우10881)
전화 마케팅부 031-955-3100 | 편집부 031-955-3113~20 | 팩스 031-955-3111
사진 한강사업본부 수상관광과 중앙포토 연합포토

© 윤태호, 2008

이 책의 저작권은 저자에게 있습니다. 저자와 출판사의 허락 없이 내용의 일부를 인용하거나
발췌하는 것을 금합니다.

값은 표지에 있습니다.
ISBN 978-89-349-9305-6 64000
ISBN 978-89-349-8306-4 (세트)

좋은 독자가 좋은 책을 만듭니다. 김영사는 독자 여러분의 의견에 항상 귀 기울이고 있습니다.
전자우편 book@gimmyoung.com | 홈페이지 www.gimmyoungjr.com

어린이제품 안전특별법에 의한 표시사항
제품명 도서 **제조년월일** 2023년 11월 10일 **제조사명** 김영사 **주소** 10881 경기도 파주시 문발로 197
전화번호 031-955-3100 **제조국명** 대한민국 ⚠**주의** 책 모서리에 찍히거나 책장에 베이지 않게 조심하세요.

대한민국 수도 서울의 젖줄

한강

글 윤태호 그림 민재회

주니어김영사

차례

한강에 가기 전에

미리 준비하세요

준비물 사진기, 수첩, 필기도구, 《한강》 책 등

옷차림 야외에서 활동하기 간편한 옷과 모자
차림을 해요. 하지만 강바람이 부니
평소에 입는 것보다 조금 두꺼운
옷을 입고 가는 것이 좋아요.

미리 알아 두세요

 한강에서 할 수 있는 일

- 한강 유역의 역사에 대해 공부할 수 있어요.
- 한강에 살고 있는 다양한 동물과 식물을 관찰할 수 있어요.
- 한강 시민 공원에서 다양한 체험학습을 할 수 있어요.

더 알아 두세요

 아래의 홈페이지를 이용하면 여러 가지 정보도 얻고,
다양한 체험학습 프로그램에 참여할 수도 있어요.

1. 한강에 관한 종합적인 정보의 창고 〈서울특별시 한강사업본부〉
   홈페이지 hangang.seoul.go.kr
   문의전화 주간(공휴일 포함) : 02-120, 야간 : 02-3780-0777

2. 파괴된 남한강 둔치를 버드나무와 갈대, 새들에게
   돌려주기 위한 〈한강수계테마원〉
   홈페이지 www.hgeco.or.kr
   문의전화 031-774-3603

3. 맑은 한강을 만들어 가는 〈한강유역환경청〉
   홈페이지 www.me.go.kr/hg
   문의전화 031-790-2887~8

체험학습에
참여하려면
홈페이지를 통해
예약하세요!

한강은요……

　물은 생명의 근원이라는 말을 들어 본 적 있나요? 예로부터 강은 인류의 삶과 깊은 관계를 맺고 있어요. 인류의 4대 문명이 모두 강 유역에 그 뿌리를 둔 사실만 보아도 알 수 있지요. 한강도 우리나라 역사에서 참으로 중요한 역할을 했어요. 한강을 품은 세력은 늘 우리나라를 대표했지요. 한반도의 한복판을 흐르는 한강은 중부 지대를 기름진 땅으로 만들었고, 그 땅에서는 선사 시대부터 문화가 발달해 왔기 때문에 한강을 '대한민국의 젖줄'이라고 불러요. 오늘날 대한민국의 수도 서울이 세계적인 정치, 경제, 사회, 문화의 중심지가 된 것도 한강의 힘이라고 할 수 있어요.

　한강은 이제 오천 년 긴 역사 동안 우리 민족의 기쁨과 영광, 시련을 함께 하며 우리 삶의 터전이자 대표적인 휴식 공간으로 자리 잡아 가고 있어요.

　이제부터 한강을 따라 신나는 여행을 시작해 볼까요? 여행이 끝나면 한강에 대해 훨씬 더 많은 애정을 갖게 될 거예요.

한눈에 보는 한강

한강의 길이는 강원도 태백시의 검룡소에서 경기도 김포시의 보구곶리까지 총 514킬로미터이며, 물줄기의 길이나 물의 양이 엄청나요. 세계 어느 도시의 강에 견주어도 뒤지지 않지요.

이렇게 큰 강인 한강은 어디에서 시작해서 어디로 흘러갈까요?

먼저, 강원도 금강산 부근에서 시작된 북한강은 강원도 춘천시의 의암호에서 소양강과 만난 뒤 경기도 가평 쪽으로 흘러가요. 그리고 강원도 태백시 검용소에서 시작된 남한강은 충청북도를 지나 양평으로 흘러가지요. 이렇게 한강은 북한강과 남한강, 두 갈래로 흐르다가 서울과 가까운 곳인 양수리에서 만나 경기도 보구곶리에서 서해로 흘러들어요.

한강은 우리나라 강들 중 네 번째로 길어.

남한강과 북한강, 두 갈래로 흐르다가 양수리에서 합쳐진 뒤 서해로 흘러들어가.

유구한 역사와 함께 흘러가는 한강

한강은 이 땅에 사람들이 살기 전부터 흐르고 있었어요. 그리고 사람들이 살기 시작하면서 우리 역사와 함께 했지요. 그래서 한강을 따라가면 자연스럽게 우리 역사를 접할 수 있어요. 석기 시대에는 처음으로 사람들이 강가에 집을 짓고 마을을 이루며 살았어요. 삼국 시대에는 한강 유역을 뺏고 빼앗기면

서 흥망성쇠를 거듭했고요. 조선 500년의 역사 속에서는 한양이 수도의 역할을 다하도록 도왔어요. 일제 강점기와 한국 전쟁 때는 가슴 아픈 역사를 겪어야 했지요. 그 뒤 '한강의 기적'을 이루어 냈지요. 이 모든 모습들이 한강과 함께 흐르고 있는 거예요.

자, 그럼 이제부터 한강을 따라 역사 여행을 떠나 볼까요?

한강에 다리가 없던 시절, 나루에서 배를 이용해 오고 가던 모습이에요.

밤에 환한 불을 밝히고 있는 오늘날 잠실대교의 모습이에요.

선사 시대, 역사가 시작되다

오랜 옛날, 사람들은 돌을 깨서 도구를 만들었고, 주변의 산과 들에서 풀과 열매를 따 먹거나 짐승을 잡아먹었어요. 그리고 먹을거리가 떨어지면 다른 곳으로 옮겨 가서 살았지요.

신석기 시대, 강가에 모여 살다

그러다가 사람들은 강가로 내려와 한곳에 머물며 집을 짓고 모여 살기 시작했어요. 그곳들 중 하나가 바로 한강이에요. 사람들은 돌을 갈아서 훨씬 정교하고 쓰임새 많은 도구를 만들어 사용하기 시작했는데, 이때를 '신석기 시대'라고 해요.

신석기 시대 사람들은 물고기도 잡고, 농사도 짓고, 흙으로 그릇을 만들어 음식을 저장하기도 했어요. 그리고 이렇게 한강 유역에 모여 사는 사람의 수가 많아지고 한곳에 머물러 사는 생활이 점차 안정되어 가자, 이를 통해 자연스럽게 문화가 발전하게 되었지요.

왜 신석기 시대에 사람들이 모여 살기 시작했을까?

빙하기가 끝나고 지구가 따뜻해지면서 신석기 시대가 시작되었어요. 북쪽의 빙하가 녹아내려 강물이 불어나고 물고기가 많아졌지요. 이렇게 먹을거리가 풍부해지면서 사람들은 한곳에 머물러 살기 시작했어요.

암사동 움집
한강가에 위치한 암사동에서는 신석기 시대 사람들이 살았던 움집터가 많이 발견되었어요.

신석기 시대의 사람들이
한강에서 물고기를 잡고 있어요.

청동기 시대, 권력이 생기다

청동기 시대에는 본격적으로 농사를 짓기 시작했어요. 그러다 보니 배불리 먹고도 남는 식량이 생겼지요. 그래서 사람들은 곡식을 담는 토기도 많이 만들었어요. 남한강 변인 경기도 여주 흔암리의 청동기 시대 집터에서는 불에 탄 쌀과 구멍무늬 토기가 발견되었답니다.

구멍무늬 토기

먹을 것이 남아돌게 되자, 몇몇 사람들은 남보다 더 많은 식량을 가지고 남을 지배하기 시작했어요. 이러한 권력자들은 더 많은 식량과 권력을 차지하기 위해 사람들을 몰고 다른 마을로 쳐들어가기도 했어요. 그러자 사람들은 강가의 집을 떠나 언덕으로 올라가기 시작했어요. 언덕 위에 마을을 이룬 다음 주변에 높은 나무 울타리를 세우고, 그 울타리를 따라 깊고 넓은 도랑을 팠지요. 이렇게 하면 언덕 주변의 땅을 관리하기도 편하고, 적이 쳐들어와도 막아 내기가 쉬웠거든요.

이렇게 마을과 마을이 전쟁을 하다가 서로 마을을 합치면서 커다란 부족을 만들고, 이러한 부족들이 합쳐지면서 드디어 국가가 생겨났답니다. 이런 변화들이 한강, 즉 강을 중심으로 일어났지요.

더 많은 곡식과 더 넓은 농경지를 차지하기 위해 마을끼리 종종 싸움이 벌어졌어.

여기서 잠깐!

자신의 생각 써 보기

신석기 시대에 사람들은 왜 강가에 모여 살았을까요?

☞ 정답은 56쪽에

권력자가 언덕 위에서 한강을 내려다보고 있어요.

삼국 시대, 뺏고 빼앗기다

육로
땅 위로 난 길을 말해요.

교통로
교통에 이용하는 모든 길을 말해요.

만주와 한반도 지역에 있던 여러 부족과 나라들이 고구려, 백제, 신라 등으로 자리를 잡아 가면서 한강을 뺏고 빼앗기는 전쟁이 시작되었답니다. 그런데 왜 모든 나라가 한강을 차지하려고 했을까요?

그 이유는 첫째, 육로 교통이 원활하지 못했던 옛날에는 한강이 강원도, 충청도, 경기도를 이어 주는 뱃길로서 가장 훌륭한 교통로였기 때문이에요. 둘째로는 강 유역에는 기름지고 드넓은 평야가 있고, 이곳에서 나는 농작물이 나라를 부유하게 해 주었기 때문이지요. 그리고 마지막으로, 한반도의 중심이라는 지역적 특성상 한강을 차지하면 남북으로 쉽게 진출할 수 있었기 때문이랍니다. 이러한 이유들 때문에 한강 유역을 차지한 나라는 큰 힘을 가지고 한반도를 지배할 수 있었어요.

자, 이제 삼국이 한강을 둘러싸고 얼마나 치열한 전쟁을 벌였는지 한번 살펴볼까요?

여기서 잠깐!

순서대로 써 보기
삼국은 한강 유역을 차지하기 위해 치열한 전투를 벌였어요. 한강 유역을 차지한 순서대로 나라 이름을 써 보세요.

(　　　　→　　　　→　　　　)

☞ 정답은 56쪽에

한강을 차지하기 위해 신라와 백제의 군사들이 전쟁을 벌이고 있어요.

맨 먼저 한강을 차지한 나라는 백제예요. 백제의 온조왕은 한강 유역의 하남 위례성을 도읍지로 삼았지요. 서울 한강 변에는 백제 왕이 살았던 곳으로 생각되는 **풍납토성과 몽촌토성**의 유적이 남아 있어요. 이러한 백제를 몰아낸 나라는 고구려예요. 고구려에 한강을 빼앗긴 백제는 점점 힘이 약해져 결국 백제 왕이 고구려 사람들에게 죽임을 당했어요. 이때부터 고구려는 한강을 장악하고 광개토 대왕과 장수왕에 이르기까지 최고의 전성기를 누렸어요. 하지만 백제와 신라가 힘을 합쳐 공격하자 고구려는 한강을 빼앗기고 세력을 잃었지요.

풍납토성과 몽촌토성
풍납토성과 몽촌토성은 정확한 시기는 알 수 없지만 백제 초기에 세워진 것으로 짐작해요. 도읍을 방어하기 위해 쌓은 성이라는 뜻으로 도성이라고 하지요.

신라는 삼국 가운데 가장 힘이 약했지만, 점점 세력을 키우면서 백제와 힘을 합쳐 고구려를 한강에서 몰아낸 뒤, 다시 백제와 맞붙어서 결국 한강 변을 독차지했어요. 그 뒤 고구려와 백제는 신라를 계속 공격했고, 신라는 잠시 당나라와 손을 잡고 고구려와 백제를 물리쳐 통일 신라를 세웠어요. 그 뒤 신라는 당나라 군대까지 몰아냈답니다.

고려 시대, 중요한 교통로가 되다

왕건은 후삼국을 통일하고 고려를 건국했어요. 고려는 후삼국 시대에 흩어져 있던 사람들을 하나로 모으기 위해 많은 노력을 했는데, 그중 하나가 바로 교통망을 건설하여 나라 곳곳을 잇는 일이었어요. 이때 한강은 수도 개경과 남쪽 지방을 잇는 중요한 교통로였답니다. 개경에서 남쪽으로 내려가는 사람과 물건들은 파주를 거쳐 서울로 내려와, 전라도와 경상도로 가게 되지요.

 교통망
교통로가 이리저리 흩어져서 퍼져 있는 상태를 그물에 비유하여 이르는 말이에요.

여기서 잠깐!

틀린 설명 고르기
다음 중 고려 시대의 한강에 대한 설명 중 틀린 것을 찾아 바르게 고치세요.

① 고려 시대에는 한강에 나루가 많이 들어섰다.
② 조운로와 역참로의 중심에 한강이 있었다.
③ 한강은 개경과 북쪽 지방을 잇는 중요한 교통로였다.

☞ 정답은 56쪽에

나룻배에 물건을 싣고 한강을 통해 나르고 있어요.

고려 시대에는 아직 화폐가 발달하지 않아 세금을 곡식과 베 등으로 냈어요. 특히 곡식으로 세금을 내는 사람이 많았는데, 그 양이 많고 무겁기까지 했지요. 게다가 당시에는 수레가 발달하지 않아 배로 날라야 하는 경우가 많았어요.

이렇게 곡식과 베 등을 배로 실어 나르던 길을 '조운로'라고 하고, 역으로 이어지는 길을 '역참로'라고 했어요. 물론 이들의 중심에는 한강이 있었어요. 전국의 마을마다 강변에 창고를 두어 곡식이나 베 등을 거두어 놓았다가 한강을 통해 서울로 운반하는 것이지요. 이러한 이유로 한강에는 많은 나루가 들어섰고, 오고 가는 사람들도 많아졌어요.

고려는 한강을 끼고 있는 서울을 '남경'이라고 부르며, 수도인 개경 못지않게 중요하게 여겼어요. 서울로 수도를 옮기자는 말도 나왔고, 잠깐이지만 서울이 고려의 수도가 된 적도 있답니다.

 나루

강이나 내, 또는 좁은 바닷목에서 배가 건너다니는 일정한 곳을 말해요.

한강 이름은 이렇게 바뀌어 왔어요

한강은 오랜 세월 동안 여러 가지 이름으로 불렸어요. '한강'은 본디 우리말인 '한가람'에서 비롯된 말로, '한'은 크거나 신성하다는 의미이며 '아리(알)'도 이와 비슷한 뜻이지요. 그래서 한강을 '아리수'라고도 해요.

- 중국의 위나라와 진나라 때의 지리지에는 '대수(帶水)'라고 했어요.

- 한반도의 허리에 두른 띠와 같다고 해서 '띠 대(帶)' 자를 쓴 것이에요.

- 광개토 대왕릉비에는 '아리수(阿利水)'라고 새겨져 있어요.

- 백제 건국 신화에서는 '옥리하(玉利河)'라고 했어요.

- 신라 사람들은 한강을 바다로 흘러 들어가는 북쪽의 큰 강이라는 뜻으로 '북독(北瀆)'이라고 했어요.

- 고려 문헌에는 큰 물줄기가 맑고 밝게 뻗어 내린 강이라는 뜻의 '열수(洌水)'라고 적혀 있어요.

- 조선 시대부터 '한강(漢江)', '경강(京江)'이라고 불렸어요.

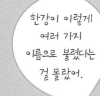

한강이 이렇게 여러 가지 이름으로 불렸다는 걸 몰랐어.

조선 시대, 중심지가 되다

태조 이성계는 조선을 세운 뒤 1394년 수도를 서울로 옮겼어요. 당시 서울의 이름이었던 한양은 '한강 변의 양지바른 곳'이라는 뜻을 갖고 있어요. 이렇게 한강은 백제 이후 다시 한 번 한 나라의 수도를 흐르는 강이 되었지요.

옛날에는 각 지방에서 특산물인 쌀이나 옷감으로 세금을 냈는데, 이 세금은 전국 각지에서 한강의 물길을 따라 올라와 한강 변의 창고에 저장되었어요.

임진왜란
조선 선조 25년(1592)부터 31년(1598)까지 두 번에 걸쳐서 우리나라를 침입한 일본과의 싸움을 말해요.

물자
어떤 활동에 필요한 여러 가지 물건이나 재료를 말해요.

포구
배가 드나드는 강의 어귀를 말해요.

1592년 임진왜란을 겪은 뒤에는 다시 한강을 따라 상업이 크게 발달했어요. 그리고 조선 후기에는 지방 특산물로 받던 세금을 쌀로 통일하고, 이 쌀을 운반하는 일을 민간 상인들에게 맡기기 시작했어요. 이 민간 상인들은 쌀뿐만 아니라 서울 사람들이 쓸 땔감, 소금, 먹을거리 등 생활필수품도 날라다 시장에서 팔았어요. 이런 물자들은 대부분 배에 실려 한강을 따라 서울로 올라왔고, 그래서 한강 변에는 온갖 물자와 배, 상인들이 몰려드는 포구들이 나날이 발전해 갔지요.

이렇게 한강은 조선 후기 경제와 교통의 중심지가 되어 조선의 발전을 이끌어 갔답니다.

조선 시대에는 상인들이 각종 물건을 싣고 한강에 마련된 포구로 몰려들었어요.

자랑스러운 업적, 배다리

1776년 왕위에 오른 정조는 아버지 사도 세자의 명예를 회복시키기 위해 아버지의 무덤을 수원으로 옮기고 수원에 화성을 지어 수원을 개혁의 중심 도시로 만들었어요. 그리고 왕의 권력을 과시하고 백성들의 의견을 직접 듣기 위해 자주 화성으로 행차했지요.

그런데 수원에 쌓은 이 화성에 가려면 한강을 건너야 했어요. 이전에도 배다리*를 몇 차례 만들기는 했지만, 정조는 대규모 행차를 원활하게 하기 위해 새로운 배다리를 만들도록 지시했지요.

1795년 2월, 정조는 어머니 혜경궁 홍씨의 회갑연을 맞이하여 대규모 화성 행차를 계획했고, 정조의 명을 받은 서용보, 정약용 등은 배 60척을 나란히 띄워 폭 24척(약 7.2미터)의 배다리를 완성했어요. 정조가 한강을 건너는 장면을 그린 〈주교도〉를 보면, 최대 9명의 사람이 좌우로 늘어서서 한강을 건너는 모습과 안전을 위해 배다리의 양편에 난간이 설치되어 있는 모습을 볼 수 있어요. 또한 어가* 행렬과 그 행렬을 보기 위해 구름처럼 몰려든 수많은 백성들의 모습도 함께 찾아볼 수 있어요.

이러한 배다리는 우리나라 과학 기술의 역사에서 매우 중요한 위치를 차지하는 업적이랍니다.

*배다리 : 작은 배를 한 줄로 여러 척 띄워 놓고
          그 위에 널빤지를 깔아서 만든 다리예요.

*어가 : 임금이 타는 수레를 말해요.

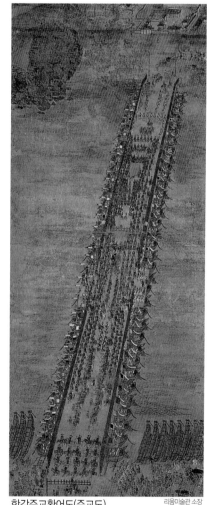

한강주교환어도(주교도)
리움미술관 소장
정조가 혜경궁 홍씨의 회갑연을 맞이하여
배다리를 건너 화성으로 행차하는 모습이에요.

근세의 한강, 시련을 겪다

양화진
서울과 제물포, 강화를 잇던 나루터예요.

청일 전쟁
1894~1895년 사이에 청나라와 일본이 조선의 지배권을 놓고 다툰 전쟁을 말해요.

일제 강점기
1910년 8월 국권을 빼앗기고 대한 제국이 멸망한 뒤부터 1945년 8·15 광복에 이르기까지 일본의 지배 아래에 있었던 시기예요.

19세기에 들어서자 근대 산업을 발전시킨 서양의 여러 나라들이 앞다투어 다른 나라들을 식민지로 삼으려고 했어요. 조선도 서양 문물을 받아들이고 근대화를 이루어 보려고 했지만 쉽지 않았지요. 일본과 미국, 영국, 러시아 등 여러 나라는 저마다 조선을 차지하기 위해 상인과 군인을 조선에 보냈지요. 그리고 이들은 서울로 가는 교통과 교역의 통로인 한강을 중요한 진출로로 생각했어요. 그래서 인천에서 서울로 들어가는 길목인 양화진은 서양 상인들로 북적거렸고, 용산에는 오랫동안 일본군이 머물렀어요.

1894년에는 조선을 놓고 일본과 청나라가 청일 전쟁을 벌였고, 일본군이 승리했어요. 결국 1910년 일제 강점기가 시작되었고, 우리나라는 일본의 지배 아래 근대화를 이루게 되었어요. 이 시기부터 한강에 다리가 하나 둘 놓이기 시작했고, 이 때부터 한강에는 배와 뗏목이 사라지고 철도와 도로가 등장했답니다.

한강에 등장한 첫 증기선

1888년 한강에는 증기선이 모습을 나타냈어요. 그 뒤 1890년 독일계와 미국계의 증기선이 취항하였고, 이어 중국인 거상 동순태가 들여온 100톤짜리 증기선이 용산과 인천 사이를 오가기 시작하였지요. 이로 인해 한강 변의 상권이 발달하였어요. 하지만 한국 전쟁이 끝난 뒤 한강 하류는 '선박 운항 금지 지역'으로 지정되어 더 이상 배가 다니지 못하게 되었답니다.

한강에 다리가 놓이면서 교통수단이 바뀌었지.

여기서 잠깐!

한강 교통의 변화
우리나라에 근대화가 이루어지면서 한강을 건너는 교통수단이 어떻게 바뀌었나요?

_____

_____

☞ 정답은 56쪽에

한국 전쟁, 한강에 상처를 남기다

1945년 8월 15일, 일본의 지배에서 벗어나 우리는 광복을 맞이했어요. 그런데 당시 세계는 주도권을 쥐고 있던 미국과 소련의 이념 차이로 냉전 상태였어요. 소련은 공산주의를 퍼뜨리기 위해 우리나라의 좋은 위치를 이용하려 했고, 미국은 그것을 막고자 했지요. 이러한 강대국 간의 이념의 차이로 인해 한국 전쟁이 일어나고 말았어요.

이 전쟁 때문에 한강에도 씻을 수 없는 상처가 생겼답니다. 전차와 무기로 무장한 북한 인민군이 서울로 돌진해 오자, 군사력이 턱없이 부족했던 우리나라의 국군 지휘부가 인민군이 쳐들어오는 길을 막기 위해 한강철교와 인도교를 폭파한 것이지요. 이로 인해 다리를 건너던 많은 피란민들이 목숨을 잃었고, 이듬해 1·4 후퇴 때는 피란민들이 두껍게 얼어붙은 한강 위를 걸어 피란을 갔어요. 한강은 전쟁으로 인한 우리의 슬픔을 고스란히 담아 지금까지 흐르고 있는 것이랍니다.

폭파된 한강철교의 모습

냉전
직접적으로 힘을 쓰지 않고 경제·외교·정보 따위를 이용해 국제적으로 대립하는 것을 말해요.

공산주의
개인이 재산을 가지지 못하게 하고 사회 구성원 모두가 재산을 공동으로 소유하는 사회 제도를 말해요.

1·4 후퇴
한국 전쟁이 한창이던 1951년 1월 4일 북한군이 서울을 다시 점령해 남한 정부와 민간인들이 피란을 가게 된 사건을 말해요.

피란민들이 얼어붙은 한강 위를 걸어서 피란을 가고 있어요.

나룻배에서 31개의 다리까지

오늘날은 한강에 다리가 건설되어 강 건너 쪽을 자유롭게 오갈 수 있지만, 옛날에는 반드시 배를 이용해야 했기 때문에 한강의 여러 곳에 나루를 만들었어요. 특히 광나루, 삼밭나루, 동작나루, 노들나루, 양화나루는 조선 시대 한강의 5대 나루로, 각종 물품과 사람들이 쉼없이 나룻배에 실려 오갔어요.

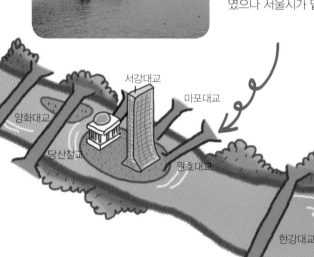

더 아름답게, 원효대교

1981년에 완성된 원효대교는 길이가 1천120미터나 되는 매우 긴 다리예요. 이 다리는 물을 건너는 기능이 우수할 뿐만 아니라 모양도 아름다워요. 처음에 민간 회사가 세워서 한강에서 통행료를 내는 유일한 다리였으나 서울시가 맡으면서 통행료를 없앴어요.

가양대교

성산대교

양화대교

당산철교

서강대교

마포대교

원효대교

한강대교

동작대교

반포대교
(잠수교)

낮은 곳에, 잠수교

전쟁에 대비해서 지은 다리예요. 전쟁이 나면 물자를 나르지 못하도록 다리를 파괴하기 때문에 폭격을 쉽게 당하지 않도록 다리를 낮게 만들었어요.

그러다가 기차가 이 땅에 등장하면서 철교가 놓이게 되었지요. 1900년 한강철교가 준공되고, 경부선 개통에 따라 한강 제2철교가 놓였어요. 이렇게 강 위에 다리가 개통됨에 따라 한강의 나룻배는 점차 그 자취를 감추어 역사의 뒤안길로 사라져 갔어요. 그리고 지금은 27개의 대교와 4개의 철교가 한강 위에 세워져 한강의 역사를 새롭게 만들어 가고 있답니다. 2021년에는 가양대교와 성산대교 사이에 월드컵대교가 새롭게 만들어질 거예요.

지도에 나타나지 않은 다리

한강의 다리 중 그림에 없는 다리들을 알아볼까요? 노량진에서 반포천까지 이어진 노량대교 그리고 한강 위에 최초로 세운 한강철교가 있어요. 서쪽에는 서울 강서구와 경기도의 고양시를 연결하는 신행주대교와 마곡철교, 경기도의 김포시와 고양시를 연결하는 김포대교와 일산대교, 인천국제공항고속도로의 일부인 방화대교가 있어요. 동쪽에는 수도권 동쪽 지역의 교통난을 해소시킨 강동대교, 경기도의 하남시와 남양주시를 연결하는 미사대교, 수도권에서 경기도나 강원도로 이어지는 팔당대교가 있지요.

더 빨리, 더 튼튼하게, 더 싸게!

산업화가 빠르게 진행되면서 다리는 더 필요해졌어요. 대통령이 지시하는 다리의 모습은 단순 명쾌했지요. "더 빨리, 더 튼튼하게, 더 싸게!" 그리고 이런 목표에 맞는 다리들이 속속 만들어졌어요. 모두 막대기 같은 교각을 세우고 널빤지 같은 상판을 얹은 형태였지요. 양화대교, 마포대교, 한남대교, 영동대교, 잠실대교, 천호대교 등이 이런 다리랍니다.

한남대교　동호대교　성수대교　영동대교　청담대교　잠실대교　잠실철교　올림픽대교　천호대교　광진교

부끄러운 우리 역사, 성수대교

한강의 11번째 다리인 성수대교가 1994년 10월 21일 무너져 버렸어요. 성수대교 중간 다섯째와 여섯째 교각 사이의 상판 48미터가 붕괴되어 그 위를 지나던 차들이 함께 떨어지면서 참사가 일어났지요. 급성장으로 인해 모든 것이 부실했던 사회 구조를 그대로 드러낸 사고였어요.

한강의 기적을 이루다

1953년 휴전 당시 한국의 1인당 국민 소득은 18달러 수준으로 아주 낮았어요. 이것은 그 당시 인도보다 조금 낮고, 아프리카 국가들과 비슷한 수준이었지요.

이후 정부는 경제 성장을 목표로 하여 1962년부터 1981년까지 4차에 걸쳐 경제 개발 5개년 계획을 세워 실행했어요. 이 기간 동안 전력이나 석탄 등의 에너지를 개발하고, 발전소를 건설하는 등 사회 간접 자본을 넓혀 보충했지요. 또 공업을 본격적으로 추진해 각종 산업 단지와 고속도로를 건설했답니다. 그 결과 10억 달러의 수출을 달성했으며 계속해서 경제적으로 자립하고자 노력했어요. 또한 중화학 공장을 건설하고 기술을 발전시키기 위해 노력하며 두 차례의 석유 파동을 잘 극복한 결과 100억 달러의 수출을 달성하기에 이르렀지요. 그 외에도 1970년대에는 간호사와 광부를 독일로 보내 외화를 많이 벌어들였어요. 또 새마을 운동을 추진하여 지역 사회를 개발했고, 그로 인해 생활이 나아지기 시작했어요.

사회 간접 자본
국민 경제 발전의 기초가 되는 도로, 항만, 철도, 통신, 전력, 수도 등의 공공시설을 말해요.

새마을 운동
생활환경이 더 나아지게 하고, 소득을 늘리기 위해 펼친 지역 사회 개발 운동이에요.

한강의 기적

한강의 기적은 독일이 제2차 세계 대전에서 패한 뒤 폐허를 복구하고 다시 경제 성장을 이룬 것을 일컫는 '라인 강의 기적'과 비교해 만든 말이에요. 독일은 세계 대전에서 패했지만 기술력을 갖춘 상태에서 미국의 자본을 받아 이루어 낸 경제 성장이고, 우리나라는 기술이 없는 상태에서 경제를 일으켰다는 점에서 한강의 기적이 좀 더 의미가 있다고 할 수 있어요.

1988년에는 서울 올림픽을 개최해 세계적으로 성장하는 계기가 되었으며 수출 규모가 더욱 커졌어요. 그래서 1995년에는 1인당 국민 소득이 1만 달러에 이르렀고, 이듬해에는 **경제 협력 개발 기구(OECD)** 에 29번째 회원국으로 가입했지요. 이렇게 빠른 경제 발전을 우리나라의 대표 강인 한강의 이름을 붙여서 '한강의 기적'이라고 불러요.

그러나 이러한 성장의 과정에서 한강은 많은 시련을 겪었어요. 한강의 모래와 흙을 마구 파내어 물의 흐름을 바꾸어 놓았는가 하면, 공장 폐수나 산업 쓰레기를 한강과 그 주변에 마구 버려 강물을 오염시킨 것이지요. 이렇게 한강의 기적은 한강을 망가뜨리면서 이루어 낸 것이기도 해요.

하지만 사람들은 경제를 살려 냈던 힘을 다시 모아 한강을 복원하기 시작했어요. 한강 주변을 깨끗이 청소하고 숲을 만들고 공원을 만들자, 한강 물이 깨끗해지고 한강 주변의 생태계가 살아나기 시작했지요. 이제 한강은 우리나라 국민들의 대표적인 휴식 공간으로 자리 잡게 되었어요.

경제 협력 개발기구 (OECD)
경제 성장, 개발도상국 원조, 통상 확대의 세 가지를 목적으로 하는 국제 경제 협력 기구예요.

우아! 한강을 되살린 우리 국민의 노력은 정말 대단한 것 같아.

강에서 태어난 문명

　수천 년 전, 지구에서 처음으로 문명이 시작된 곳은 모두 강 주변이었어요. 이집트 문명은 나일 강에서 시작되었고, 황허 문명은 황허 강에서, 인더스 문명은 인더스 강에서, 또 메소포타미아 문명은 티그리스 강과 유프라테스 강에서 시작되었어요. 모두 기후가 온화하고 기름진 땅을 지닌 지역들이었지요. 한강 유역처럼 말이에요. 이렇듯 강은 인류의 삶과 밀접한 관계를 맺고 있어요.

　세계 4대 문명을 좀 더 자세히 살펴볼까요?

메소포타미아 문명

메소포타미아는 '두 강 사이의 땅'이란 뜻으로 비옥한 반달 모양의 티그리스 강. 유프라테스 강 유역을 중심으로 번영한 문명이에요. 바빌로니아 · 아시리아 문명을 가리키지만, 넓게는 서남아시아 전체의 고대 문명을 지칭하는 경우도 있어요.

이집트 문명

나일 강 하류의 비옥한 토지에서 발생했어요. 나일 강과 주변의 기름진 토양을 바탕으로 일찍부터 농경이 발달했어요. 이집트는 사막과 바다로 둘러싸여 있기 때문에 외부의 침입을 받지 않고 2천 년 동안 고유 문화를 간직할 수 있었지요.

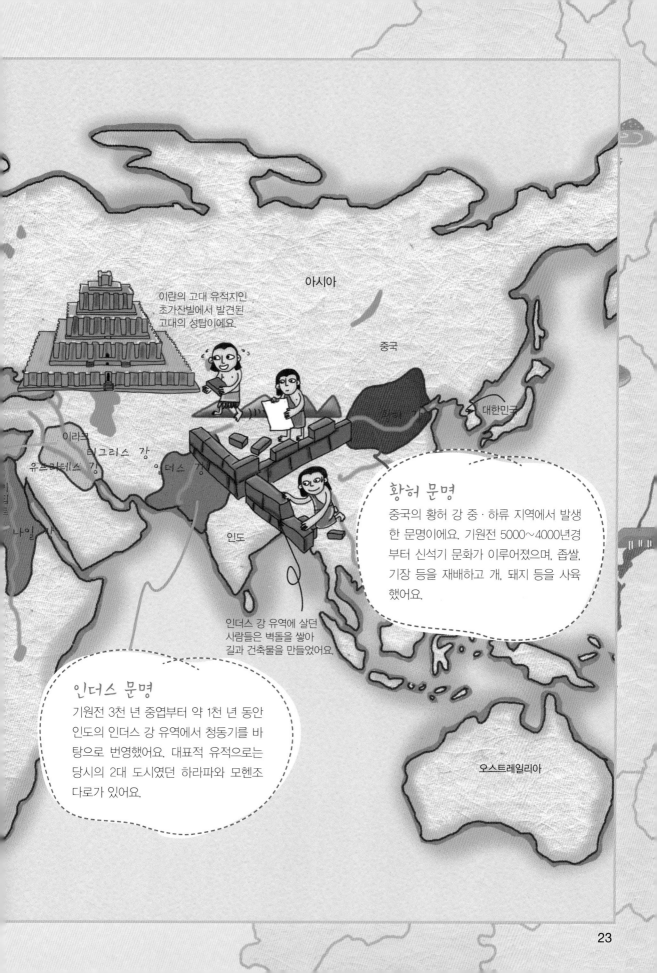

아시아

중국

대한민국

이란의 고대 유적지인
초가잔빌에서 발견된
고대의 성탑이에요.

이라크

티그리스 강

유프라테스 강

인더스 강

나일 강

인도

인더스 강 유역에 살던
사람들은 벽돌을 쌓아
길과 건축물을 만들었어요.

황허 문명
중국의 황허 강 중·하류 지역에서 발생
한 문명이에요. 기원전 5000~4000년경
부터 신석기 문화가 이루어졌으며, 좁쌀,
기장 등을 재배하고 개, 돼지 등을 사육
했어요.

인더스 문명
기원전 3천 년 중엽부터 약 1천 년 동안
인도의 인더스 강 유역에서 청동기를 바
탕으로 번영했어요. 대표적 유적으로는
당시의 2대 도시였던 하라파와 모헨조
다로가 있어요.

오스트레일리아

생명을 담고 굽이굽이 이어지는 한강

사람들은 아주 오래전부터 한강에 모여 살았으며 한강 유역의 기름진 평야에서 많은 것을 얻어 풍요로운 삶을 누렸어요. 그런데 이 커다란 물줄기는 사람들의 삶의 터전이기도 하지만 많은 동물과 식물들의 터전이기도 해요.

가마우지 떼

고방오리

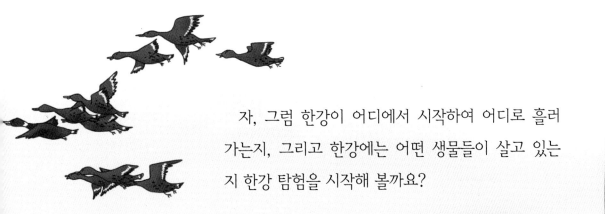

자, 그럼 한강이 어디에서 시작하여 어디로 흘러
가는지, 그리고 한강에는 어떤 생물들이 살고 있는
지 한강 탐험을 시작해 볼까요?

흰목물떼새

왜가리

한강의 상류, 북한강과 남한강

한강은 총길이 514킬로미터로, 상류는 북한강과 남한강으로 나뉘어요. 그렇다면 이러한 한강의 발원지는 어디일까요?

한강의 본류, 남한강

한강의 발원지는 바로 강원도 태백시 검룡소예요. 검룡소에서 발원한 남한강의 물줄기는 강원도 영월에서 평창강과 합하여 충북 단양군을 지나 서쪽으로 흐르기 시작해요. 그러다가 제천의 충주호에 27억 5천만 톤의 물을 채우고 북서쪽으로 흐르지요. 그리고 충주시를 지나서 경기도로 들어가 섬강을 합치고, 이어서 또다시 북서쪽으로 물길을 잡아 여주군을 지나면서 양화천과 복하천 등을 받아들여요.

양평군에서는 흑천과 만나 서쪽으로 흐르면서 양서면 양수리에 도착하는데, 검룡소에서 발원해 이곳까지 흐르는 물줄기의 길이가 375킬로미터예요. 이렇게 먼 거리를 굽이굽이 흘러온 남한강은 한강의 본류랍니다.

상류
강이나 개천의 발원지에 가까운 부분을 말해요.

발원지
흐르는 물줄기가 처음 시작한 곳을 말해요.

본류
강이나 개천의 근본을 이루는 줄기를 말해요.

검룡소
한강의 발원지로 알려져 있는 검룡소는 강원도 태백시 창죽동 금대봉에 있는 연못의 이름이에요. 이 연못에는 서해에 살던 이무기가 용이 되려고 강줄기를 거슬러 올라와 머물렀다는 전설이 전해 오지요. 연못의 이름도 물이 솟아나는 굴 속에 검은 용이 살고 있다고 해서 붙여진 것이랍니다.

여기서 잠깐! 알맞은 말 쓰기

다음 ( ) 안에 알맞은 말을 써서 글을 완성해 보세요.

한강의 본류는 강원도 태백시 검룡소에서 발원한 ( )이며, 총길이가 ( )킬로미터예요. 한강의 지류는 강원도 금강산 부근에서 발원한 ( )이며, 총길이가 ( )킬로미터예요.

보기 375, 남한강, 북한강, 371

☞ 정답은 56쪽에

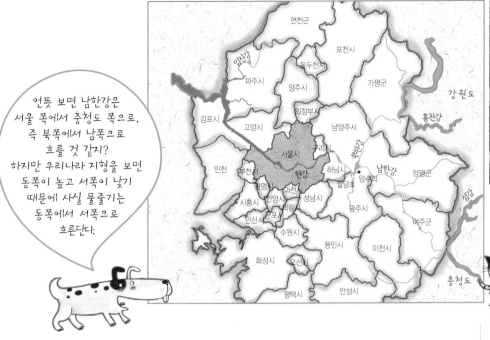

언뜻 보면 남한강은 서울 쪽에서 충청도 쪽으로, 즉 북쪽에서 남쪽으로 흐를 것 같지? 하지만 우리나라 지형을 보면 동쪽이 높고 서쪽이 낮기 때문에 사실 물줄기는 동쪽에서 서쪽으로 흐른단다.

검룡소

이 물줄기를 쭉 따라가면 검룡소를 만난단다.

한강의 지류, 북한강

한강의 또 다른 **지류**인 북한강은 강원도 금강산 부근에서 발원하여 남쪽으로 흘러요. 그러다가 화천군에 이르러 양구군 쪽에서 흘러오는 서천, 수입천 등과 만나 파로호에 많은 물을 채워 주지요. 그리고 다시 남쪽으로 흘러 화천군의 지류들을 모아서 춘천호에 물을 채우고, 춘천시의 의암호에서 소양강과 만나요.

그 뒤 다시 가평천을 합치고 홍천강과 합류하여 청평호를 이루고, 경기도 양평군과 남양주시의 경계를 이루면서 양수리에 이르러요. 이렇게 금강산 부근에서 발원해 이곳까지 흐르는 물줄기의 길이는 371킬로미터로, 남한강보다 약간 짧아요.

🏛 **지류**
강의 근본을 이루는 줄기로 흘러들거나 근본을 이루는 줄기에서 갈려 나온 물줄기를 말해요.

하천, 강 그리고 천
하천은 일정한 물이 흐르는 길을 통틀어 일컬어요. 그 중 물의 양이 많으면 '강'이라고 하고, 적으면 '천'이라고 하지요. 이 둘을 구별하는 일정한 기준은 없지만, 주변보다 상대적으로 양이 많거나 적은 것이 기준이 된답니다.

아, 남한강이 한강의 원래 줄기이구나!

북한강은 본류로 흘러드는 물줄기야!

27

지금은 사라진 한강의 섬

조선 시대 지도를 보면 한강에는 여러 개의 섬이 있었어요. 이 섬들은 세월의 흐름과 개발에 따라 없어지기도, 생겨나기도 했답니다. 그러면 한강의 섬들이 어떻게 변화했는지 알아볼까요?

드넓은 모래 언덕, 노들섬

노량진에 있는 노들섬은 원래는 모래 언덕이었어요. 일제 강점기에 '노들'이라는 이름을 붙였는데, '중지도'라고 부르기도 했지요. 섬 주변에 매우 넓은 백사장이 펼쳐져 있었어요. 불과 40년 전만 해도 강북에서

노들섬

노들섬까지 다리가 아닌 이 백사장을 이용해 강을 건넜다고 해요.

노들섬은 한강을 개발하면서 거의 버려지다시피 했어요. 최근에는 노들섬을 문화 공간으로 만들려는 여러 논의가 계속되고 있어요.

> **'노량진'이라는 이름의 유래**
>
> 노들섬이 속해 있는 노량진은 원래 흑돌(검은돌), 늙은돌, 노돌이라고 불렀다고 해요. 여기에서 '노들강'이라는 이름이 생겨났고, 노들강이 노량진으로 바뀐 것이지요. 또 다른 의견에 따르면 백로가 노닐던 나루터라서 그것을 한자로 표현한 노량진이 되었다고도 해요.

시간의 흐름과 함께 사라진, 잠실섬과 부리섬

원래 한강은 송파에 접어들면서 두 갈래로 갈라져 잠실섬과 서남쪽의 작은 섬인 부리섬을 만들어 냈어요. 《한국지명총람》에 따르면, 한강에 물이 많아지면 오직 이곳만이 물 위에 떠 있는 것 같다고 해서 '부리섬'이라는 이름이 붙은 것이지요. 한강 물이 줄면 부리섬과 잠실섬은 백사장으로 연결되기도 했어요. 그런데 한강 종합 개발 사업이 시행되면서 한강을 메워 이 두 섬이 사라지고 말았어요. 두 섬이 있

잠실은 한강 가운데 있는 섬이어서 조선 시대에 '하중도'라고 불렀어.

던 옛 송파의 모래사장에는 주택과 롯데월드가 들어섰
고, 석촌호수만이 옛 한강의 모습을 추측하게 해요.

석촌호수

임금이 쉬던 섬, 저자도

서울시 옥수동에 있던 저자도는 닥나무가 많아 붙인
이름으로, 섬 남쪽에 어린아이처럼 생긴 바위가 있어
'무동도'라고도 불렀어요. 이 섬은 원래 주변으로 한강이 흐르고, 흰
모래와 갈대숲이 무성해 경치가 좋았어요. 그래서 정자인 낙천정에서
는 아들에게 왕위를 물려준 태종이 편히 쉬었다고 해요. 그러나 안타
깝게도 한강을 개발할 때 다른 땅을 이 섬의 모래와 흙으로 메우면
서 흔적도 없이 사라졌답니다.

고려의 시인 한종유도 저자도에 별장을 지었대.

아버지가 아들에게 화살을 쏘았던 뚝섬

뚝섬은 이름만 섬일 뿐 원래는 섬이 아닌 벌이었어요. 조선 초기에
왕자의 난이 일어나자 이성계가 함흥으로 잠시 떠났다가 서울로 돌아
올 때 태종은 아버지를 뚝섬에서 맞이했어요. 그런데 자신의 아
들을 본 이성계가 화가 치밀어 태종을 향해 화살을 쏘았다고 해
서 뚝섬을 '살곶이 벌'이라고도 불렀지요.

뚝섬은 전에는 농업지였지만 도시화가 진행되면서 주택 단지
와 상가가 들어섰어요. 또 어린이대공원을 지어 녹지 공간으
로 만들었답니다.

뚝섬 이름의 유래
뚝섬은 왕의 '둑'에서 나온
이름이에요. '둑'은 왕이 탄
수레 앞에 세워 왕이 그곳에
있음을 알리는 깃발이었어
요. 조선 초기부터 왕은 사냥
을 하기 위해 이곳에 행차했
어요. 따라서 '둑'도 자주 보
았겠지요? 시간이 지나 그
'둑'이 '뚝'으로 바뀌어 지금
의 뚝섬이 되었다고 해요.

여기서
잠깐!

알맞은 답을 써 보세요
조선 시대에는 '하중도'라고 불렀으며, 한강 물이 줄면 부리섬과
백사장으로 연결되던 섬의 이름은 무엇인가요?

(   )

☞ 정답은 56쪽에

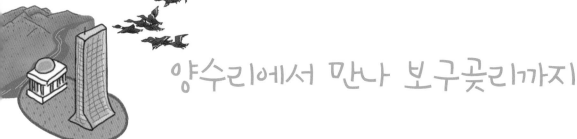

양수리에서 만나 보구곶리까지

앞에서 살펴본 것처럼 커다란 두 개의 물줄기인 남한강과 북한강은 두물머리에서 만나요. 두물머리는 '두 개의 물이 머리를 맞댄다.'는 뜻으로, 한자로는 '양수리'라고 한답니다. 일제 강점기에 양수리 근처에 올라갔던 일본 사람이 두물머리를 내려다보고 "조선에도 이런 명당이 있었나?" 하고 감탄했을 정도로 두물머리는 경치가 아름다워요.

양수리

양수리에서 북한강과 남한강이 합쳐진 한강은 계속 북서쪽으로 흐르면서 왕숙천, 한천, 안양천 등의 작은 지류들을 합류시켜 경기도 김포평야를 지나요. 그리고 김포시 월곶면 보구곶리에서 서해와 만나지요.

우리가 흔히 '한강의 끝'이라고 말하는 곳은 경기도 김포시 하성면 시암리라는 곳이에요. 시암리에서 강의 북쪽 건너편은 슬프게도 우리가 마음대로 갈 수 없는 북한의 땅이랍니다.

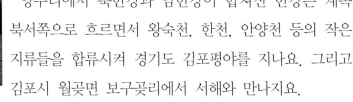

검독수리

한강 하구에 사는 동물들

오리

큰고니

너구리

한강 하구는 한반도 생태 1번지

한강 하구는 다양한 날짐승들과 들짐승들이 함께 어울려 살아가는 야생 동물의 천국이에요.

특히 강 하구의 주요 습지 중에서 최상류에 있는 장항습지는 희귀 동식물로 가득한 생태 보물 창고와도 같은 곳이지요. 이곳에는 재두루미, 잿빛개구리매, 흰목물떼새 등의 희귀 조류들과 두더지, 족제비, 고라니, 너구리 같은 희귀 포유류들 그리고 뚜껑덩굴, 쥐방울덩굴, 모새달 등과 같이 환경부가 지정한 1등급 식물들이 많이 살고 있어요.

또한 장항습지에는 우리나라 최대 규모의 버드나무 숲이 있는데, 이 버드나무 숲에서 1년에 3천299톤의 산소가 생산되고 있지요.

이 산소는 1만 3천862명이 1년 동안 숨 쉴 수 있는 어마어마한 양이에요. 이렇게 장항습지는 동물과 식물, 사람 모두에게 없어서는 안 될 중요한 곳이랍니다.

하구
강물이 바다로 흘러 들어가는 어귀를 말해요.

습지
습기가 많은 축축한 땅을 말해요.

장항습지

재두루미

삵(살쾡이)

두더지

한강의 생태계를 복원해요

1970~1980년대에 실시된 경제 개발로 인해 한강의 모습과 생태계는 엄청나게 파괴되었어요. 자연스럽게 흘러야 할 **물길**이 인위적으로 바뀌고, 강변은 콘크리트 **제방**으로 바뀌었지요. 이로 인해 한강에서 점차 생명들이 사라져 갔어요.

그러자 어느 순간 사람들은 새와 물고기가 떠나 버린 곳에서는 인간도 살 수 없다는 생각을 하게 되었고, 다시 예전의 한강을 되찾기위한 노력을 기울이기 시작했어요. 이러한 노력의 결과로 철새들이

물길
물이 흐르는 길을 말해요.

제방
홍수나 해일에 물이 넘어 들어오지 못하도록 물가에 흙이나 돌, 콘크리트 따위를 쌓아 놓은 것을 말해요.

2017년 한강 생태계 조사 연구 결과

서울시는 한강의 생태계가 어떻게 변하고 있는지를 5년마다 조사하고 있어요.
가장 최근의 조사는 2016년 3월부터 2017년 11월까지 이루어져 그 결과가
발표되었답니다. 그럼 한강에 어떤 생물들이 사는지 한번 살펴볼까요?

구분	출현 종
저서성 대형무척추동물 (저서 생물*)	– 참갯지렁이, 물달팽이, 노란실잠자리 등 163종 발견 – 우점종*: 깔따구류, 실지렁이류
어류	– 고유종인 눈동자개, 꺽지 등 67종 발견 – 우점종: 누치, 가시납지리 – 새로운 외래종인 단두어 발견
수생* 및 육상 식물	– 천사의나팔, 자주괭이밥, 페퍼민트, 나리난초 등 총 1221종 발견 – 가시박, 단풍잎돼지풀 등 생태계교란식물로 인한 피해

*저서 생물: 바다 밑에서 사는 생물을 말해요.

*우점종: 생물 군집 안에서 가장 수가 많거나 넓은 면적을 차지하고 있는 종을 말해요.

*수생 식물: 수중 식물이라고도 하며, 물속에서 자라는 식물을 말해요.

다시 하나 둘씩 날아들었고, 몇 년 동안 보이지 않던 물고기들도 다시 나타나기 시작했어요.

2017년 서울시의 생태계 조사에 따르면, 식물 1221종, 어류 67종, 곤충 230종, 저서 생물 163종, 양서·파충류 14종, 조류 144종, 포유류 9종이 한강에 나타났어요. 이렇게 1990년 이후 한강에 출현하는 생물의 종류가 꾸준히 느는 것은 서울시가 물을 깨끗이 하고, 동식물이 살아갈 수 있는 환경을 만드는 등의 노력을 기울였기 때문이에요. 하지만 중요한 것은 작지만 소중한 지금의 노력들이 계속되어야 한다는 것이에요. 그럼, 2017년에 한강 생태계 조사 결과를 좀 더 자세히 알아볼까요?

육상 곤충	– 꼬마쐐기나방, 꼬리명주나비, 폭날개애메뚜기 등 230종 발견 – 우점종: 해바라기방패벌레, 애긴노린재 – 여름철 장기간 고온건조한 기후, 도심의 빛 공해, 돌발외래해충의 대규모 발생에 의해 개체수가 감소함
양서·파충류	– 한국산개구리, 쇠살모사, 멸종위기종인 맹꽁이 등 14종 발견 – 폭염, 가뭄 등 기후변화에 의해 개체수가 감소함
조류·포유류	– 쇠솔딱새, 큰유리새 등 조류 144종 발견 – 멸종위기종인 삵, 수달 등 포유류 9종 발견

한강의 생태 경관 보전 지역

서울시에서는 한강 주변 곳곳을 생태 경관 보전 지역으로 지정하여 보호, 관리하고 있어요. 모두 생물들이 살기에 적합한 자연환경을 갖춘 곳이지요. 또 곳곳을 생태 공원으로 만들어 다양한 생물들이 살아갈 장소를 마련해 주며, 어린이들이 자연을 체험하고, 사람들이 편히 쉴 수 있는 공간을 제공하고 있어요.

강서 습지 생태 공원

한강의 서쪽 끝에 있는 이 공원은 한강 변의 자연 습지를 이용해 만든 곳이에요. 민물가마우지, 황조롱이, 갈대, 물억새 등의 동식물들이 계절마다 아름다운 모습을 보여 주지요.

선유도 공원

선유도 생태 공원은 정수장 건물을 재활용해서 만든 공원이에요. 가래나 노랑어리연꽃과 같이 물을 깨끗하게 하는 수생 식물을 관찰할 수 있고, 환경 물놀이터와 안개 분수도 볼 수 있지요. 또 한강 최초로 사람들만 다닐 수 있는 다리(무지개 다리)를 만들어 근처 한강 시민 공원과 이어 놓았어요.

강서구

밤섬 생태 경관 보전 지역

밤섬은 서강대교 밑에 있는 두 개의 작은 섬이에요. 그 모양이 꼭 밤 같아서 붙인 이름이지요. 밤섬은 원래 지금보다 훨씬 큰 섬이었지만 한강을 개발하면서 폭파해 두 개로 나뉘었고 보기 흉한 땅이 되었어요. 하지만 생태 경관 보전 지역으로 지정하여 꾸준히 관리해 지금은 7,000여 마리의 철새들이 날아들고, 다양한 생물들이 사는 아름다운 섬이 되었어요.

고덕 수변 생태 복원지

생태 경관 보전 지역인 고덕동 둔치 주변에 만들어 놓은 생태 공원이에요. 이 공원에는 갈대숲을 비롯해 각종 나무가 무성한 숲과 모래톱이 펼쳐져 있어요. 그래서 새나 다른 생물들이 살기에 매우 좋은 환경을 자랑하지요. 특히 조류 관찰소가 설치되어 있어 새들을 가까이에서 관찰할 수 있어요.

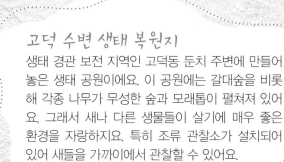

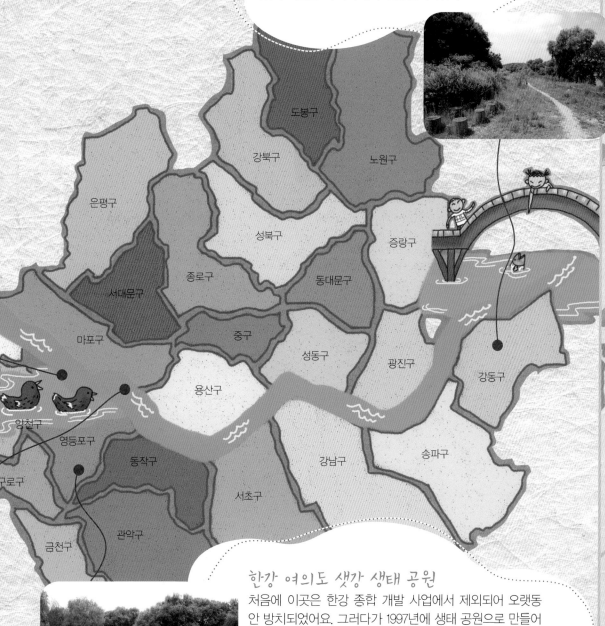

도봉구

강북구

노원구

은평구

성북구

증랑구

종로구

동대문구

서대문구

마포구

중구

성동구

광진구

강동구

용산구

양천구

영등포구

동작구

강남구

송파구

구로구

서초구

금천구

관악구

한강 여의도 샛강 생태 공원

처음에 이곳은 한강 종합 개발 사업에서 제외되어 오랫동안 방치되었어요. 그러다가 1997년에 생태 공원으로 만들어져 현재는 버드나무, 갈대, 억새 등이 많이 모여 자라고, 자연의 아름다움을 느낄 수 있는 곳이 되었지요. 맑은 지하수로 만들어진 연못에서 수초가 자라고, 수초 주변에 각종 곤충과 물고기, 새들이 모여 먹이 사슬을 형성하고 있어요.

한강에서 볼 수 있는 물고기

경제 개발로 파괴되었던 한강은 1988년 서울 올림픽을 준비하면서 하천 정리, 한강 종합 개발 사업 등의 노력으로 점점 깨끗해졌어요. 그래서 2007년 제6차 한강 생태계 조사에서는 가장 깨끗한 물에서만 산다는 버들치가 한강에 살고 있는 것을 확인하기도 했지요.

한강의 상류와 중류, 그리고 하구에 사는 물고기들

한강의 상류에서 버들치는 아주 많이 살고 있어요. 그만큼 상류의 물이 오염되지 않았다는 뜻이지요. 열목어, 산천어, 금강모치, 버들가지 등도 한강의 상류에 살고 있어요.

한강의 중류에는 붕어와 잉어가 가장 많이 살고 있으며, 메기, 미꾸라지, 참붕어, 버들붕어 등도 볼 수 있어요. 또 한강의 중상류에서는 갈겨니를 가장 흔히 볼 수 있어요. 그 밖에도 꺽지, 퉁가리, 납자루, 묵납자루 등이 살고 있지요.

하천의 생물과 산소의 관계

물속에 산소가 부족하다는 것은 그 물이 오염되었다는 것을 말해요. 하천의 생물들은 산소의 양에 민감하다는 것을 알고 있지요? 그런데 신기하게도 똑같이 산소가 부족할 때, 하류에 사는 생물들은 잘 견디지만 상류에 사는 생물들은 매우 힘들어 해요. 하류처럼 깨끗하지 않은 물에 사는 종일수록 오염에 강하고, 상류처럼 깨끗한 물에 사는 종일수록 오염에 약하다는 이야기이지요.

한강 하구는 강물이 바다로 흘러 들어가 섞이는 곳으로, 민물과 바다에서 사는 다양한 생물들이 어울려 사는 공간이지요. 숭어, 농어, 줄공치, 뱀장어 등이 이곳에 살고 있으며, 은어, 웅어, 잉어 등의 중요한 산란장이기도 해요.

산란장
알을 낳는 장소를 말해요.

붕어

잉어

숭어

한강 하구

흔한 물고기와 귀한 물고기

민물고기인 누치와 강준치는 한강에서 흔히 볼 수 있어요. 흔한 종류라고 해도 그 가치가 낮은 것은 아니에요. 흔한 것도 소중히 여길 줄 알아야 하지요. 은어나 연어, 밀자개 같은 물고기는 한강에서 보기 힘들어요. 만일 이런 물고기들을 잡는다면 빨리 풀어 주어야 한답니다.

미움 받는 물고기들, 외래종

한강의 생태계가 파괴되어 물고기들이 사라지자 사람들은 다른 나라의 물고기들을 들여와 한강에 넣었어요. 대표적인 외래종으로는 배스와 블루길이 있는데, 이 물고기들은 다른 물고기뿐만 아니라 개구리와 민물 새우도 잘 잡아먹어서 사람들이 좋아하지 않지요. 하지만 이런 물고기라고 해서 무조건 없애려 하기보다는 물고기들이 각자 알맞은 자리에서 조화롭게 살아가도록 도와 줘야 해요.

잠실 수중보 위쪽과 아래쪽

잠실대교 바로 아래에는 '잠실 수중보'가 있는데, 이것이 한강을 가로막고 있어서 수중보의 위쪽과 아래쪽에 사는 물고기의 종류가 달라요. 물이 잔잔하게 흐르는 수중보 위쪽에는 몰개, 납지리, 누치, 모래무지, 대농갱이 등 20여 종의 물고기가 살고 있어요. 반면 수중보의 아래쪽은 물이 빠르게 흐르고 한강의 다른 곳과 달리 강바닥이 모래와 자갈, 바위로 이루어져 있어요. 그래서 다른 종류의 물고기가 많이 살고 있으며, 여울에 알을 낳는 물고기들의 산란장이 되기도 하지요.

외래종 배스

배스는 1973년에 미국에서 들여왔어요. 입이 매우 커서 '큰 입을 가진 농어' 혹은 '큰 입 배스'라고 불리지요. 몸길이는 30~60센티미터이고, 등지느러미 앞부분에 사나운 가시가 있어요. 성질이 매우 거칠고 공격적이지요.

배스

 외래종
다른 나라에서 들어온 씨나 품종을 말해요.

잠실 수중보
한강의 물길을 막아 물의 높이를 일정하게 유지하기 위해 만든 둑이에요.

 여울
강이나 바다의 바닥이 얕거나 폭이 좁아 물살이 세게 흐르는 곳을 말해요.

잠실 수중보

한강에서 볼 수 있는 새

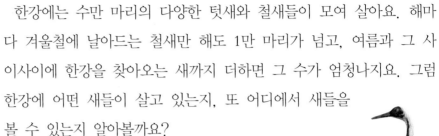

한강에는 수만 마리의 다양한 텃새와 철새들이 모여 살아요. 해마다 겨울철에 날아드는 철새만 해도 1만 마리가 넘고, 여름과 그 사이사이에 한강을 찾아오는 새까지 더하면 그 수가 엄청나지요. 그럼 한강에 어떤 새들이 살고 있는지, 또 어디에서 새들을 볼 수 있는지 알아볼까요?

노랑부리백로

멸종 위기의 새들

한강에는 흔히 볼 수 있는 새들도 있지만 멸종 위기에 처한 새들도 많아요. 저어새, 매, 검독수리 등 4종은 멸종 위기종 1급의 새들이에요. 또 재두루미, 개리, 큰기러기 등 22종은 멸종 위기종 2급으로 정해져 있지요.

한강 하구는 넓게 펼쳐진 습지를 바탕으로 다양한 생태계가 발달되어 있어 이러한 희귀 새들의 보금자리가 되고 있어요.

큰기러기

재두루미

가래여울의 새들

서울 동쪽의 끝과 하남시의 경계에는 '가래여울'이라는 곳이 있어요. 이곳의 한강 변은 자연 그대로의 모습을 하고 있어서 물살의 영향으로 모래가 쌓여 여러 개의 모래섬을 이루었지요. 이들 모래섬 주변에는 수생 생물들이 많아 새들이 알을 낳고 지내기가 좋아요. 그래서 여름에는 개개비, 해오라기, 백로 등의 철새들이 찾아오고, 겨울에는 주로 오리류들이 이곳에서 지내요. 특히 이곳 가래여울에서는 천연기념물 제201호인 큰고니를 볼 수 있어요.

개개비

큰고니

해오라기

가래여울을 찾아온 철새들

철새 보호 구역의 새들

새들이 살 수 있는 환경을 유지하고, 철새들이 도심으로 날아들도록 하기 위해 청계천 하류와 중랑천 하류 지역을 철새 보호 구역으로 지정했어요. 이러한 보호와 관리로 한강을 찾는 새들의 수가 매년 증가하고 있지요.

특히 청계천 하류 철새 보호 구역은 주변 청계천을 새롭게 단장하

청계천 철새 보호 구역

면서 환경이 좋아져 철새들의 보금자리로 새로 자리 잡았어요. 2005년 조사 결과를 보면 쇠오리(490개체), 고방오리(437개체), 청둥오리(115개체)가 이곳에서 주로 살고 있어요.

또 2007년 새롭게 지정된 안양천 하류 철새 보호 구역은 하천의 유속이 느리고, 둔치가 비교적 넓어 새들이 살기에 아주 좋은 환경이에요. 갈대와 물억새가 풍부하고, 모래사장이 많아 새들의 좋은 쉼터이기도 하지요. 주로 고방오리, 청둥오리, 흰뺨검둥오리, 쇠오리, 넓적부리, 원앙 등의 철새가 이곳으로 날아들어요.

 유속
물이 흐르는 속도를 말해요.

 둔치
물가의 언덕 또는 강이나 호수 등 물이 있는 곳의 가장자리를 말해요.

고방오리

쇠오리

청둥오리

흰뺨검둥오리

내 보금자리는 안양천 하류!

여기서 **잠깐!**

이유를 써 보세요
중랑천, 청계천, 안양천 하류처럼 철새 보호 구역을 따로 지정하는 이유는 무엇일까요?

☞ 정답은 56쪽에

우리의 생활 속에서 함께 흐르는 한강

우리나라의 중앙을, 그리고 서울이라는 복잡한 도시를 가로지르며 흐르는 한강은 우리가 마시고, 농사짓고, 일하는 데 꼭 필요한 물을 제공해요.

한강 변을 한번 둘러보세요. 강변에 나와 산책을 하거나 운동을 하는 많은 사람들을 볼 수 있지요? 한강은 우리에게 풍요와 여유를 주며 휴식 공간으로서도 훌륭한 역할을 한답니다.

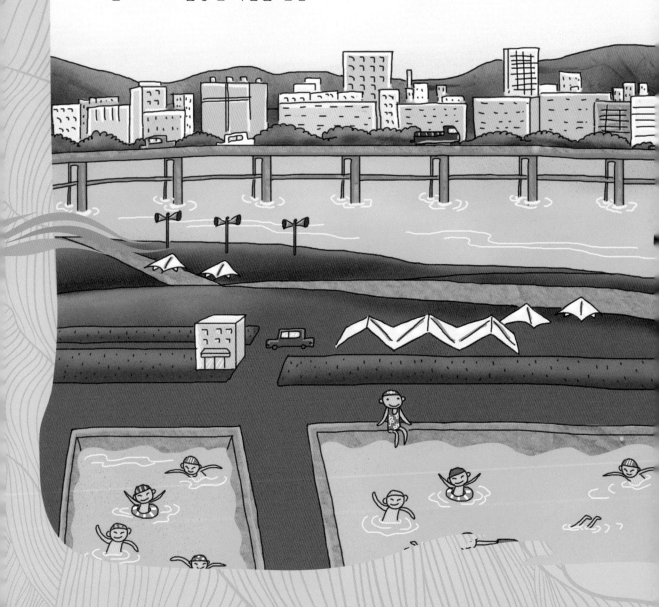

자전거와 인라인 스케이트를 탈 수 있는 시민 공원, 계절마다 펼쳐지는 다양한 축제들, 자연 속에서 즐길 수 있는 다양한 놀이들, 색다른 재미를 주는 유람선과 수상 택시. 이렇게 우리에게 늘 즐거움과 휴식을 제공하는 한강 속으로 지금 함께 출발해 보아요.

한강 유람선

윈드서핑

한강 변에서 자전거를 타는 시민들

편안한 쉼터, 한강 시민 공원

한강 시민 공원에 가 본 적이 있나요? 요즘 많은 사람들이 한강의 공원에서 여가 생활을 즐기지요.

한강에는 서울의 서쪽에서 동쪽까지 한강 변을 따라 모두 12개의 시민 공원이 있어요. 아래 지도를 한번 보세요. 강서지구에서 광나루 지구까지 훑어보며 어디에 어떤 공원이 있는지, 또 여러분이 사는 동

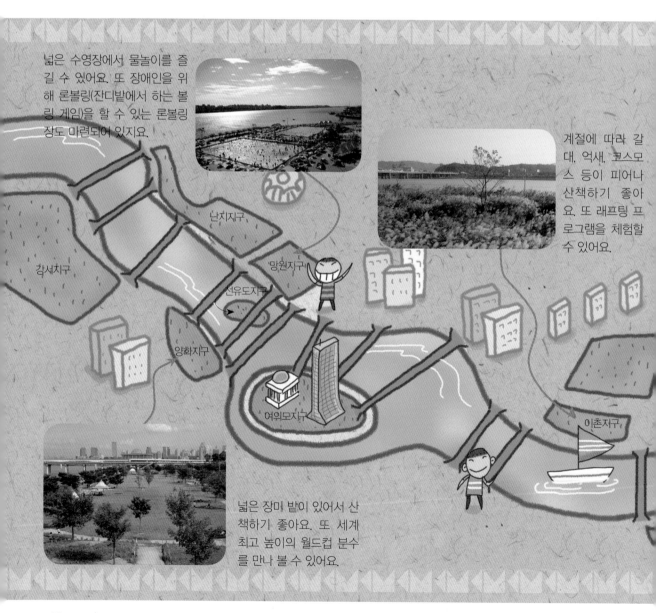

넓은 수영장에서 물놀이를 즐길 수 있어요. 또 장애인을 위해 론볼링(잔디밭에서 하는 볼링 게임)을 할 수 있는 론볼링장도 마련되어 있지요.

계절에 따라 갈대, 억새, 코스모스 등이 피어나 산책하기 좋아요. 또 래프팅 프로그램을 체험할 수 있어요.

난지지구

망원지구

강서지구

선유도지구

양화지구

여의도지구

이촌지구

넓은 장미 밭이 있어서 산책하기 좋아요. 또 세계 최고 높이의 월드컵 분수를 만나 볼 수 있어요.

네와 가까운 한강 시민 공원이 어디인지 살펴보는 것도 좋을 거예요.

한강 시민 공원에는 시민들이 언제든지 이용할 수 있도록 자연 학습장과 수영장, 낚시터 등이 마련되어 있고, 바람이 부는 날에는 윈드서핑을 즐길 수도 있어요. 또 자전거나 인라인 스케이트를 탈 수 있는 길도 마련되어 있지요.

이번 주말에는 가족과 함께 끝없이 흐르는 강물을 보면서 시원한 한강 변을 걸어 보아요.

🔺 윈드서핑
돛이 달린 조그만 배 위에서 돛에 바람을 받아 파도를 타는 운동을 말해요.

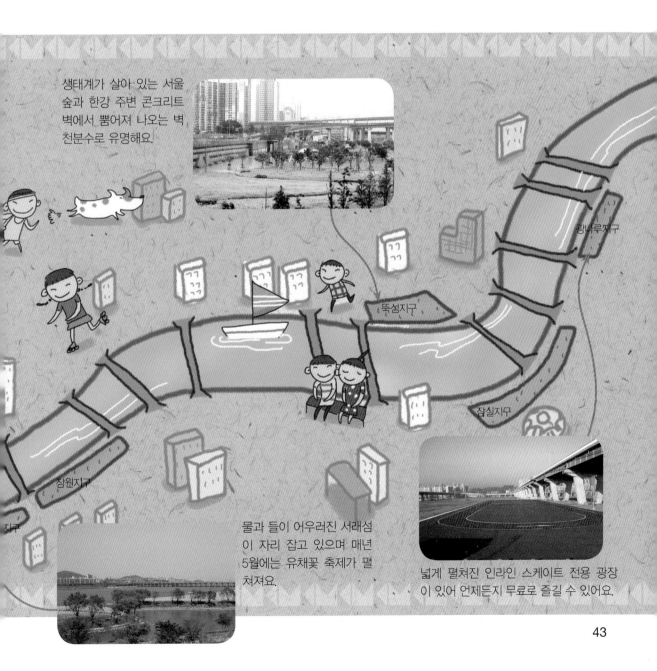

생태계가 살아 있는 서울 숲과 한강 주변 콘크리트 벽에서 뿜어져 나오는 벽천분수로 유명해요.

광나루지구

뚝섬지구

잠실지구

잠원지구

지구

물과 들이 어우러진 서래섬이 자리 잡고 있으며 매년 5월에는 유채꽃 축제가 펼쳐져요.

넓게 펼쳐진 인라인 스케이트 전용 광장이 있어 언제든지 무료로 즐길 수 있어요.

신명 나는 한강의 축제

한강의 여러 지역에서는 도시의 바쁜 일상에서 벗어나 자연을 벗 삼아 즐거운 시간을 보낼 수 있도록 다양한 축제가 열리고 있어요. 한강의 축제에 참여해서 가족이나 친구들과 함께 멋진 추억을 만들어 보세요.

서래섬 유채꽃 축제
시기 4월 말 ~ 유채꽃 피는 시기
장소 반포 한강 공원 서래섬
내용 해마다 다양한 체험 프로그램이 마련되어 있어요.
문의 02-3780-0541~4

한강몽땅 여름축제
시기 7~8월
장소 11개 한강 공원 전역
내용 시민들이 한강에서 각종 레포츠와 놀이를 체험할 수 있고, 문화 공연도 관람할 수 있어요.

한강사랑 그림 그리기 대회
시기 5월
장소 뚝섬 한강 공원(해마다 변동)
내용 서울의 초등학생들이 한강을 소재로 풍경화, 상상화 등을 그릴 수 있어요.
문의 02-3407-1553

한강에서 열리는 축제 중 밤하늘을 아름답게 수놓는 불꽃 축제가 특히 유명해요. 해마다 10월에 서울의 한강에서 '서울세계불꽃축제'가 열리고 있지요. 2007년에는 한국, 미국, 일본 3개국이 참가해 저마다 아름다운 불꽃 쇼를 선보이며 시민들의 시선과 발걸음을 붙들기도 했답니다.

한화와 함께하는
서울세계불꽃축제
시기 10월
장소 한강 시민 공원 여의도지구
내용 아름다운 불꽃 축제를 감상할 수 있어요.
홈페이지 hanwhafireworks.bulggot.co

한강에서 즐기는 놀이

한강에서 즐길 수 있는 축제에 대해 재미있게 구경했나요? 이렇게 큰 축제뿐만 아니라 친구들끼리 혹은 가족끼리 한강에 나가 즐길 수 있는 놀이도 있어요. 지금부터는 한강에서 할 수 있는 민속놀이에 대해 몇 가지 알아보아요.

풀·꽃 이름 알아맞히기

원래 이 놀이는 두 편으로 나누어 여러 종류의 꽃과 풀을 꺾은 다음, 상대편이 발견하지 못한 것 같은 식물을 내놓으라고 해서 좀 더 많은 꽃과 풀을 찾은 팀이 이기는 놀이예요. 하지만 꽃과 풀을 함부로 꺾지 않기 위해서 디지털 카메라로 사진을 찍어서 놀이하면 좋겠지요.

놀이 방법

① 두 편으로 나눈 뒤, 30분 정도 여러 종류의 꽃과 풀 사진을 찍어요.
② 정한 시간이 되면 모여서 놀이를 시작해요.
③ 한 명이 "자, 민들레다. 민들레를 내놓아 봐."라고 말하며 사진을 보여 줘요. 이때 식물의 이름을 모르면 사진만 보여 줘도 돼요.
④ 상대편이 그 사진을 가지고 있으면 우리편이 0점이 되고, 사진이 없으면 5점을 얻어요.

⑤ 번갈아 사진을 보여 주며 놀이를 한 뒤, 점수를 더해 보세요. 점수가 높은 쪽이 이겨요.

평소에 꽃과 풀을 많이 알아 둬야지!

민들레를 내놓아라!

버들피리 만들어 불기

버들가지의 줄기를 조심조심 잘라 내 속을 빼낸 뒤, 껍질을 이용해
소리를 내며 노는 놀이예요. 자, 버들피리를 만들어 불어 볼까요?

놀이 방법

① 버들가지의 줄기를 10센티미터 정도 잘라 낸 뒤,
   비틀어서 속을 뽑아내요. 줄기의 껍질만
   이용할 거예요.
② 얇은 겉껍질만 벗겨 껍질의 한쪽
   끝을 납작하게 만들어요.
③ 중간에 구멍을 내어 높고 낮은
   소리를 내 보세요.

리코더를 부는
것과 같은
방법으로
불어 봐.

물팔매 놀이

강이나 바닷가에서 가장 쉽게 할 수 있는 놀이예요. 지역에 따라
'쫄기접시 놀이', '돌팔매 놀이', '물수제비 뜨기'라고도 해요.

놀이 방법

① 주위에서 작은 돌을 주워 강가에 순서를 정해 나란히 서요.
② 수면을 향해 비스듬하게 돌을 던져요.
③ 돌이 물에 가라앉을 때까지 몇 번을 튀기면서
   얼마나 멀리 가는지 보세요.

납작하고
매끈거리는
돌이
좋아!

한강의 교통수단

오늘날과 같이 도로가 발달하지 않았던 옛날에는 사람들이 다른 지역에 갈 때나, 물건을 실어 나를 때 주로 배를 이용했어요. 당시 한강은 가장 중요한 뱃길이었지만, 요즘은 도로와 교통수단의 발달로 한강이 중요한 교통로는 아니에요. 하지만 최근에는 한강 주변을 둘러보거나 서울 도심지의 교통 문제를 조금이나마 덜기 위해 다시 한강에 유람선과 수상 택시를 이용하고 있어요.

그럼, 이런 한강의 교통수단에 대해 좀 더 자세히 알아볼까요?

운치 있는 한강 유람선

한강 유람선은 우리나라 사람은 물론 외국 관광객들에게 한강과 서울의 모습을 알려 주고 휴식 공간을 제공하기 위해 운항해요.

처음에는 단순히 관광객을 위한 유람선의 기능만을 했지만 지금은 다양한 축제나 관광 상품을 개발하고 있어요.

여의도 선착장

- ■ 스토리 크루즈: 달빛크루즈: 여의도–서강대교–여의도
- ■ 런치 크루즈: 여의도–상산대교–여의도
- ■ 뮤직크루즈, 불빛크루즈, 디너크루즈: 여의도–반포대교–여의도

잠실 선착장

- ■ 잠실 스토리 크루즈, 잠실 달빛 크루즈: 잠실–성수대교(상류)–잠실
- ■ 잠실 재즈 크루즈: 잠실–반포대교–잠실

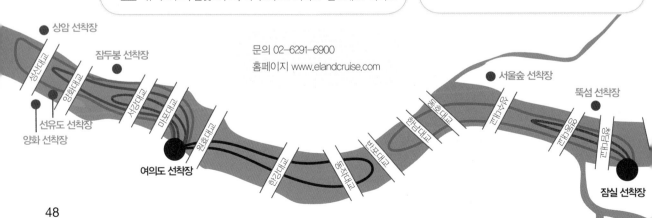

문의 02–6291–6900
홈페이지 www.elandcruise.com

빠르고 신나는 수상 택시

2007년, 한강에 새로운 탈것이 나타났어요. 바로 수상 택시예요.

수상 택시는 한강 변의 주요 지점 11군데를 연결해요. 그래서 수상 택시를 타고 시원한 바람을 맞으며 한강과 주변 공원들을 빠르게 둘러볼 수 있지요. 또 한강 시민 공원이 연결된 곳이라면 어디든 30분 안에 도착할 수 있어 도로가 복잡한 출퇴근 시간에 편하게 이용할 수 있어요. 이러한 수상 택시를 더욱 알리고 개발한다면 서울의 교통 문제를 조금이나마 해결할 수도 있을 거예요.

> 한강 시민 공원마다 수상 택시가 서니까 한강을 둘러보기에 참 좋아.

잠실 선착장

- ■ 출퇴근(뚝섬–여의나루)
- ■ 관광(한강, 한강 시민 공원)
- ■ 출퇴근(잠실–여의나루)

문의 1522–1477
홈페이지 www.seoulwatertaxi.com

더 멋진 한강을 위하여, 한강르네상스

2006년부터 2010년까지 서울시는 '한강르네상스' 사업을 추진했어요. 한강르네상스는 한강 주변의 생태계를 지키며, 서울을 자연환경과 사람이 어우러진 친환경적 도시로 탈바꿈하기 위한 움직임이었어요. 또 한강의 동과 서, 남과 북의 각 지역이 균형 있게 발전하도록 세운 계획이기도 했어요. 무엇보다도 예로부터 경제적·문화적 중심지였던 한강의 역할을 다시 회복시켜 세계적인 서울로 만들기 위해 준비했던 사업이랍니다.

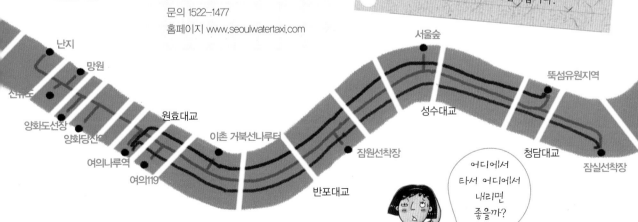

> 어디에서 타서 어디에서 내리면 좋을까?

한강을 돌아 나오며

이제 한강 여행을 마칠 시간이에요. 우리의 역사와 함께 숨 쉬며 살아온 한강, 긴 여정 속에서 많은 생명을 담고 흐르는 한강, 그리고 휴식처로서 우리의 생활 속에서 함께 흐르는 한강의 이모저모를 살펴보았어요. 각기 다른 것 같아 보이지만 모두 한강이 가진 소중한 모습들이에요.

사실 우리는 아직도 한강에 대해 모르는 것이 많아요. 서울의 한강 변에는 여의도, 난지도, 선유도, 밤섬 등의 큰 섬들이 있었다는 것, 노들섬은 예전에 모래벌판이었는데 나중에 인공 섬으로 만들었다는 것, 또 석

촌호수는 원래 강물이 흐르던 곳이라는 것 등 우리가 한강에서 새롭게 발견할 수 있는 것은 무궁무진하답니다.

한강은 풍부한 문화유산과 생태 자원을 품고 있어요. 또 한강 상류 곳곳에 댐을 세워 에너지를 만들어 내어 경제까지도 발전시키는 무한한 가능성을 지녔지요.

우리의 조상들은 이러한 한강에서 기적을 만들어 냈어요. 이제는 여러분이 소중한 한강의 모습들을 지키고 새로운 역사를 써 나가며 제2의 한강의 기적을 만들어 나갈 차례랍니다.

나는 한강 박사!

한강을 둘러보니 어떤가요? 한강에 담긴 우리의 역사와 문화를 잊어버리지는 않았나요?
한강에 대한 문제를 풀어 보면서 다시 한 번 되돌아보아요.

① 알맞게 연결해 보세요.

다음은 한강 유역에서 일어난 일들이에요. 어느 시대에 일어난 일인지 알맞게 연결해 보세요.

신석기 시대 •

• 이 시기에 한강철교와 인도교가 폭파되었어요.

삼국 시대 •

• 이 시대의 한강은 수도 개경과 남쪽 지방을 잇는 중요한 교통로였어요.

고려 시대 •

• 한강 유역에 사람들이 움집도 짓고 마을도 이루어 살았어요.

조선 시대 •

• 한강 생태계가 살아났고 서울 시민들의 휴식처가 되었어요.

한국 전쟁 •

• 고구려, 백제, 신라 삼국이 한강을 둘러싸고 치열한 전쟁을 벌였어요.

현재 •

• 한강을 따라 상업이 크게 발전해서 한강 변에는 온갖 물자와 배, 상인들이 몰려들었어요.

② 십자말풀이를 해 보세요.

1			2		3	3			
1								5	5
			2		4				
						6	6		
	7								
			4						

〈가로 열쇠〉

1. '두 개의 물이 머리를 맞댄다.'는 뜻으로, 한자로는 '양수리'라고 해요.

2. 한강의 물길을 막아 물의 높이를 일정하게 유지하기 위해 만든 둑이에요. 잠실 ○○○.

3. 2007년 새롭게 지정된 철새 보호 구역으로 하천의 유속이 느리고, 둔치가 비교적 넓어 새들이 살기에 아주 좋아요.

4. 조선 시대에 정조가 화성에 행차하기 위해 만든 다리로, 배 60척을 나란히 연결해 만든 다리예요.

5. 삼국 가운데 가장 힘이 약했지만 점점 세력을 키워 수많은 전투 끝에 결국 한강 변을 차지한 나라예요.

6. 검룡소에서 발원한, 한강의 근본을 이루는 줄기를 말해요.

7. 강이나 내 또는 좁은 바다에서 배가 건너다니는 곳이에요. 고려 시대에 한강에 많은 ○○가 들어섰어요.

〈세로 열쇠〉

1. 두루밋과의 새이며 목과 날개는 하얀색, 그 밖의 부분은 잿빛을 띤 검은색이에요. 장항습지에서 볼 수 있는 희귀 새예요.

2. 고구려 시대에 한강을 부르던 말로, 광개토 대왕릉비에 ○○○라고 새겨져 있어요.

3. 근세에 서울과 제물포, 강화를 잇던 나루터예요. ○○진.

4. 북한강과 남한강이 만나 작은 지류들을 합쳐 흐르는 한강이 서해와 만나는 곳이에요.

5. 우리나라는 한강의 기적, 독일은 ○○○의 기적.

6. 한국 전쟁 당시 인민군이 쳐들어오는 길을 막기 위해 폭파한 다리 중 하나예요.

7. 이집트 문명이 시작된 강이에요.

☞ 정답은 56쪽에

여러 종류의 물로 식물 키우기

한강 물을 가지고 식물을 키우면 잘 자랄까요?
여러 가지 종류의 물에서 무순을 키우면 어떻게 될지 그 궁금증을 해결
하기 위해 모두 9가지 종류의 물을 만들고, 이 물로 무순을 수경 재배해
보았어요. 그중에는 우리가 마시는 수돗물과 한강 상류, 한강 하류, 청계
천의 물도 포함되어 있었답니다. 그 결과는 어떻게 되었을까요?

> 화분에 흙을
> 넣고 씨앗을
> 심어도 좋아.

순서

❶ 여러 종류의 물을 준비해요.

❷ 플라스틱 용기(9개)의 바닥에
솜을 깐 뒤, 물에 다섯 시간
정도 불린 무 씨를 각각 20개
씩 담아요. 그리고 용기에 각
각 다른 물을 20밀리리터씩
따라요.

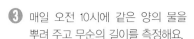

❸ 매일 오전 10시에 같은 양의 물을
뿌려 주고 무순의 길이를 측정해요.

놀랍게도 우리의 한강에서 떠 온 물 모두에서 정수기 물이나 수돗
물과 똑같이 무순이 아주 잘 자랐답니다. 그만큼 우리의 수돗물과
한강의 물들이 맑고 깨끗하다는 뜻이겠죠?
여러분도 여러분만의 다양한 물들로 무순을 키워 보고, 나만의 관찰
기록장을 만들어 보세요.

※이 내용은 혜화초등학교 5학년 김성빈 어린이가 서울특별시 학생탐구발표대회에 제출한 보고서예요.

물의 종류	관찰 내용	6일째 사진	
수돗물	① 가장 건강하게 잘 자랐어요.(12.0센티미터) ② 7, 8일에 많이 자라고 9일부터는 　변화가 없었어요.		
정수기 물	① 가장 건강하게 잘 자랐어요.(12.0센티미터) ② 10일부터 변화가 없었어요.		
비타민 물	① 1.1센티미터까지 자란 뒤 6일째에 죽었어요. ② 곰팡이가 생기고 냄새가 났어요. ③ 예상과 달리 잘 자라지 못했어요.		
설탕물	① 4일째까지 잘 자라다가 　3.4센티미터까지 자란 뒤 7일째에 죽었어요. ② 당분 때문인지 무순 씨가 흐물흐물해졌어요.		
세제 물	① 거의 자라지 못했어요.(0.8센티미터) ② 5~6일째에 죽었는데, 모든 물 중 가장 천천히 　자라고 빨리 죽었어요.		
수영장 물	① 크기의 차이가 심하나 비교적 잘 자랐어요. 　(12.0센티미터) ② 9일부터 변화가 없었어요.		
한강 상류	① 잘 자랐어요.(11.0센티미터) ② 9일부터 변화가 없었어요.		
한강 하류	① 잘 자랐어요.(10.0센티미터) ② 9일부터 변화가 없었어요.		
청계천 물	① 잘 자랐어요.(10.0센티미터) ② 9일부터 변화가 없었어요.		

정답

여기서
잠깐!

9쪽 에 : 강가에는 물도 있고 물고기도 많아서 먹을
　　거리를 구하기 쉬웠기 때문이에요.

10쪽 백제 → 고구려 → 신라

12쪽 ③ 북쪽 지방 → 남쪽 지방

16쪽 한강 위에 다리가 놓이면서 배와 뗏목이
　　사라지고 철도와 도로가 등장했어요.

26쪽 남한강, 375, 북한강, 371

29쪽 잠실섬

39쪽 새들이 살 수 있는 환경을 유지하고, 철새들
　　이 날아들도록 하기 위해서예요.

나는 한강 박사!

❶ 알맞게 연결해 보세요.

다음은 한강 유역에서 일어난 일들이에요. 어느 시대에 일어난
일인지 알맞게 연결해 보세요..

신석기
시대 — 이 시기에 한강철교와 인도교가 폭
파되었어요.

삼국
시대 — 이 시대의 한강은 수도 개경과 남
쪽 지방을 잇는 중요한 교통로였어
요.

고려
시대 — 한강 유역에 사람들이 움집도 짓고
마을도 이루어 살았어요.

조선
시대 — 한강 생태계가 살아났고 서울 시민
들의 휴식처가 되었어요.

한국
전쟁 — 고구려, 백제, 신라 삼국이 한강을
둘러싸고 치열한 전쟁을 벌였어요.

현재 — 한강을 따라 상업이 크게 발전해서
한강 변에는 온갖 물자와 배, 상인
들이 몰려들었어요.

❷ 십자말풀이를 해 보세요.

재			아		안	양	천	
두	물	머	리		화		신	라
루		수	중	보				인
미				구		남	한	강
	나	루		곳			강	
	일	배	다	리			철	
	강						교	

사진을 제공해
주신 관계자
여러분께
감사드립니다.

사진

한강사업본부 수상관광과 34~35p(강서 습지 생태 공원, 선유도 공원, 한강 여의도 샛강 생태 공원, 고덕 수변 생태 유원지),
42~43p(한강 시민 공원 망원지구, 이촌지구, 양화지구, 반포지구, 뚝섬지구, 광나루지구)

중앙포토 50~51p(한강 전경)

연합포토 20~21p(한강 전경), 31p(장항습지)

초등학교 교과서와 관련된 학년별 현장 체험학습 추천 장소

1학년 1학기 (21곳)	1학년 2학기 (18곳)	2학년 1학기 (21곳)	2학년 2학기 (25곳)	3학년 1학기 (31곳)	3학년 2학기 (37곳)
철도박물관	농촌 체험	소방서와 경찰서	소방서와 경찰서	경희대자연사박물관	IT월드(과천정보나라)
소방서와 경찰서	광릉	서울대공원 동물원	서울대공원 동물원	광릉수목원	강원도
시민안전체험관	홍릉 산림과학관	농촌 체험	강릉단오제	국립민속박물관	경희대자연사박물관
천마산	소방서와 경찰서	천마산	천마산	국립서울과학관	광릉수목원
서울대공원 동물원	월드컵공원	남산골 한옥마을	월드컵공원	국립중앙박물관	국립경주박물관
농촌 체험	시민안전체험관	한국민속촌	남산골 한옥마을	기상청	국립고궁박물관
코엑스 아쿠아리움	서울대공원 동물원	국립서울과학관	한국민속촌	서대문자연사박물관	국립국악박물관
선유도공원	우포늪	서울숲	농촌 체험	선유도공원	국립부여박물관
양재천	철새	갯벌	서울숲	시장 체험	국립서울과학관
한강	코엑스 아쿠아리움	양재천	양재천	신문박물관	남산
에버랜드	짚풀생활사박물관	동굴	선유도공원	경상북도	남산골 한옥마을
서울숲	국악박물관	고성 공룡박물관	불국사와 석굴암	양재천	롯데월드 민속박물관
갯벌	천문대	코엑스 아쿠아리움	국립중앙박물관	경기도	국립민속박물관
고성 공룡박물관	자연생태박물관	옹기민속박물관	국립민속박물관	이화여대자연사박물관	삼성어린이박물관
서대문자연사박물관	세종문화회관	기상청	전쟁기념관	전쟁기념관	서대문자연사박물관
옹기민속박물관	예술의 전당	시장 체험	판소리	천마산	선유도공원
어린이 교통공원	어린이대공원	에버랜드	DMZ	한강	소방서와 경찰서
어린이 도서관	서울놀이마당	경복궁	시장 체험	화폐금융박물관	시민안전체험관
서울대공원		강릉단오제	광릉	호림박물관	경상북도
남산자연공원		몽촌역사관	홍릉 산림과학관	홍릉 산림과학관	월드컵공원
삼성어린이박물관		국립현대미술관	국립현충원	우포늪	육군사관학교
			국립4·19묘지	소나무 극장	해군사관학교
			지구촌민속박물관	예지원	공군사관학교
			우정박물관	자운서원	철도박물관
			한국통신박물관	서울타워	이화여대자연사박물관
				국립중앙과학관	제주도
				엑스포과학공원	천마산
				올림픽공원	천문대
				전라남도	태백석탄박물관
				경상남도	판소리박물관
				허준박물관	한국민속촌
					임진각
					오두산 통일전망대
					한국천문연구원
					종이미술박물관
					짚풀생활사박물관
					토탈야외미술관

4학년 1학기 (34곳)	4학년 2학기 (56곳)	5학년 1학기 (35곳)	5학년 2학기 (51곳)	6학년 1학기 (36곳)	6학년 2학기 (39곳)
강화도	IT월드(과천정보나라)	갯벌	IT월드(과천정보나라)	경기도박물관	IT월드(과천정보나라)
갯벌	강화도	광릉수목원	강원도	경복궁	KBS 방송국
경희대자연사박물관	경기도박물관	국립민속박물관	경기도박물관	덕수궁과 정동	경기도박물관
광릉수목원	경복궁 / 경상북도	국립중앙박물관	경복궁	경상북도	경복궁
국립서울과학관	경주역사유적지구	기상청	덕수궁과 정동	고성 공룡박물관	경희대자연사박물관
기상청	경희대자연사박물관	남산골 한옥마을	경상북도	국립민속박물관	광릉수목원
농촌 체험	고창, 화순, 강화 고인돌유적	농업박물관	경희대자연사박물관	국립서울과학관	국립민속박물관
서대문자연사박물관	전라북도	농촌 체험	고인쇄박물관	국립중앙박물관	국립중앙박물관
서대문형무소역사관	고성 공룡박물관	서울국립과학관	충청도	농업박물관	국회의사당
서울역사박물관	충청도	서울대공원 동물원	광릉수목원	롯데월드 민속박물관	기상청
소방서와 경찰서	국립경주박물관	서울숲	국립공주박물관	몽촌토성과 풍납토성	남산
수원화성	국립민속박물관	서울시청	국립경주박물관	민주화현장	남산골 한옥마을
시장 체험	국립부여박물관	서울역사박물관	국립고궁박물관	백범기념관	대법원
경상북도	국립서울과학관	시민안전체험관	국립민속박물관	서대문자연사박물관	대학로
양재천	국립중앙박물관	경상북도	국립서울과학관	서대문형무소 역사관	민주화 현장
옹기민속박물관	국립국악박물관 / 남산	양재천	국립중앙박물관	서울역사박물관	백범기념관
월드컵공원	남산골 한옥마을	강원도	남산골 한옥마을	조선의 왕릉	아인스월드
철도박물관	농업박물관 / 대법원	월드컵공원	농업박물관	성균관	서대문자연사박물관
이화여대자연사박물관	대학로	유명산	롯데월드 민속박물관	시민안전체험관	국립서울과학관
천마산	롯데월드 민속박물관	제주도	충청도	경상북도	서울숲
천문대	몽촌토성과 풍납토성	짚풀생활사박물관	서대문자연사박물관	암사동 선사주거지	신문박물관
철새	불국사와 석굴암	천마산	성균관	운현궁과 인사동	양재천
홍릉 산림과학관	서대문자연사박물관	한강	세종대왕기념관	전쟁기념관	월드컵공원
화폐금융박물관	서울대공원 동물원	한국민속촌	수원화성	천문대	육군사관학교
선유도공원	서울숲	호림박물관	시민안전체험관	철새	이화여대자연사박물관
독립공원	서울역사박물관	홍릉 산림과학관	시장 체험 / 신문박물관	청계천	중남미박물관
탑골공원	조선의 왕릉	하회마을	경기도	짚풀생활사박물관	짚풀생활사박물관
신문박물관	세종대왕기념관	대법원	강원도	태백석탄박물관	창덕궁
서울시의회	수원화성	김치박물관	경상북도	해인사 고려대장경과 장경판전	천문대
선거관리위원회	승정원 일기 / 양재천	난지하수처리사업소	옹기민속박물관	호림박물관	우포늪
소양댐	옹기민속박물관	농촌, 어촌, 산촌 마을	운현궁과 인사동	유니세프 한국위원회	판소리박물관
서남하수처리사업소	월드컵공원	들꽃수목원	육군사관학교	무령왕릉	한강
중랑구재활용센터	육군사관학교	정보나라	이화여대자연사박물관	현충사	홍릉 산림과학관
중랑하수처리사업소	철도박물관	드림랜드	전라북도	덕포진교육박물관	화폐금융박물관
	이화여대자연사박물관	국립극장	전쟁박물관	서울대학교 의학박물관	훈민정음
	조선왕조실록 / 종묘		창경궁 / 천마산	상수허브랜드	상수도연구소
	종묘제례		천문대		한국자원공사
	창경궁 / 창덕궁		태백석탄박물관		동대문소방서
	천문대 / 청계천		한강		중앙119구조대
	태백석탄박물관		한국민속촌		
	판소리 / 한강		해인사 고려대장경과 장경판전		
	한국민속촌		화폐금융박물관		
	해인사 고려대장경과 장경판전		중남미문화원		
	호림박물관		첨성대		
	화폐금융박물관		절두산순교성지		
	훈민정음		천도교 중앙대교당		
	온양민속박물관		한국에너지기술연구원		
	아인스월드		한국자수박물관		
			초전섬유퀼트박물관		

숙제를 돕는 사진

한강의 오늘날 모습

한강의 옛날 모습

석촌호수

장항습지

양수리

밤섬 생태 경관 보전 지역